Norwegian for Beginners Kids

...A Beginner Norwegian Workbook,
Norwegian for Kids First Words: A
Norwegian English Children Book
(Norwegian for Reading Knowledge) Volume 1!

By

Amyas Andrea

COPYRIGHT NOTICE

Copyright © 2019 by **Amyas Andrea**.

All rights reserved. This book or any portion thereof may not be reproduced or used in any manner whatsoever without the express written permission of the publisher except for the use of brief quotations in a book review.

Cover by Eljays Design Concept

Printed in the United States of America

First printing February 2019

Table Of Content

INTRODUCTION 6

Meet Noel/ *Møt Noel* 8

Numbers/ tall 10

More numbers/ *Flere tall* 20

Shapes/ *figurer* 23

Fruits and vegetables / *Frukt og grønnsaker* 29

Body parts/ Kroppsdeler 35

Days of the week/ Dager i uken 44

Noel : *Let's look at days of the week* 44

Days we go to school/ Dager går vi på skolen 45

Months of the year/ *Måneder på året* 48

Seasons of the year/ Årstider av år 50

Colors/ *Farger* 52

Animals/ *dyr* 53

Other common words/ *Andre vanlige ord* 54

INTRODUCTION

Welcome to this simple English to Norwegian kids' books for beginners.

You will agree with me that it is always better to go from the known to the unknown.

Therefore, in this book, you will learn about numbers, colors, shapes, days of the week, parts of the body and more in Norwegian language.

Learning Norwegian language has never been so easy, just try this simple book out.

Thanks for your interest in this small book. Now go ahead, get a copy for your kid! Enjoy.

Meet Noel/ *Møt Noel*

Hello, my name is Noel/ *Hei, jeg heter Noel.*
I am a boy/ *jeg er en gutt*

I am six years old/ *jeg er seks år gammel*

I love Norwegian language/ *Jeg elsker norsk språk*

And I think it is a great idea for you to learn how to speak Norwegian too!/ *Og jeg synes det er en god ide for deg å lære å snakke norsk også!*

So let's learn together / *Så la oss lære sammen*

Numbers/tall

Noel : *Let's start with **numbers***

La oss starte med tall

Trace the number below/ Spor nummeret nedenfor

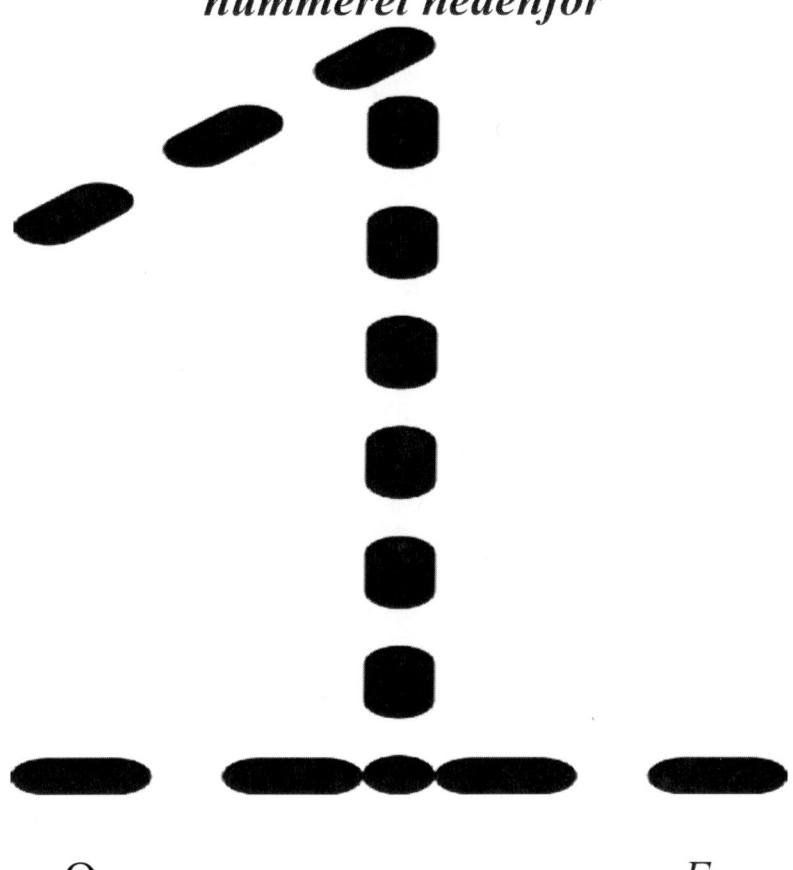

One   *En*

Trace the number below/ Spor nummeret nedenfor

Two   To

Trace the number below/ Spor nummeret nedenfor

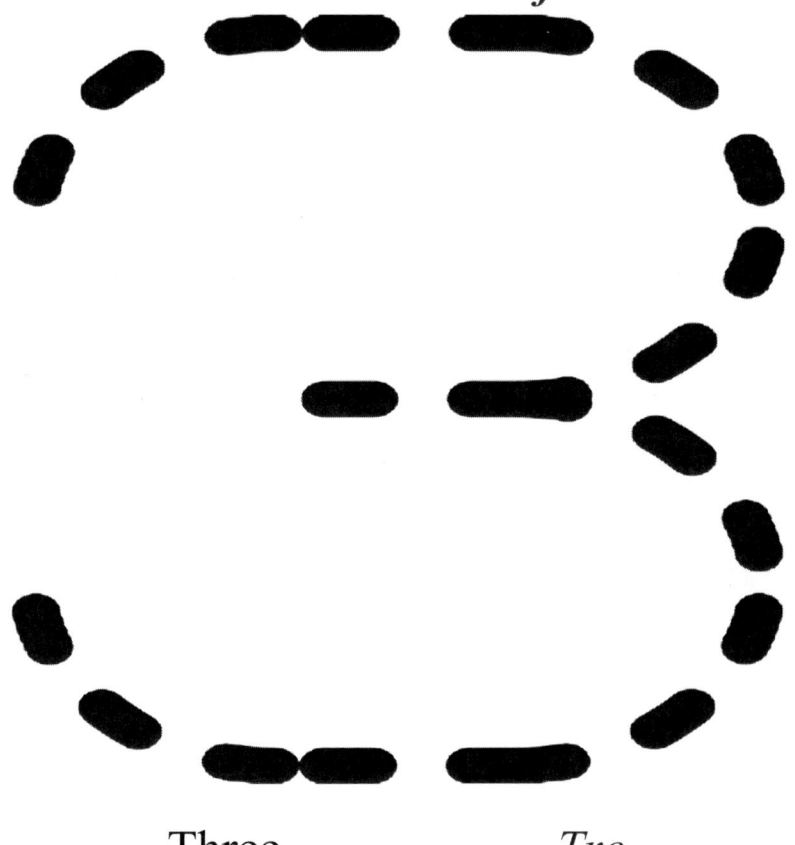

Three   *Tre*

Trace the number below/ Spor nummeret nedenfor

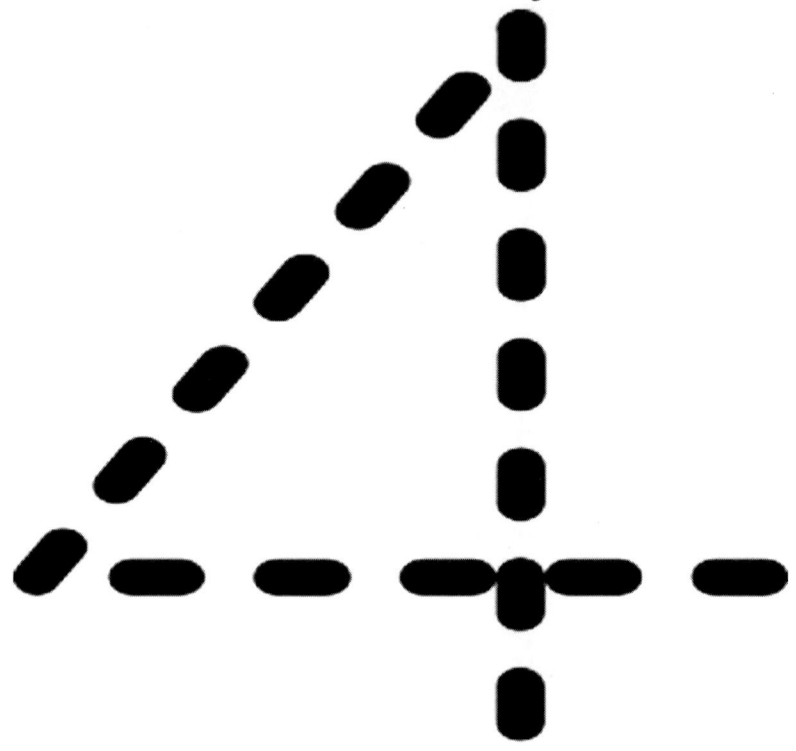

Four   *fire*

Trace the number below/ Spor nummeret nedenfor

Five   *Fem*

Trace the number below/ Spor nummeret nedenfor

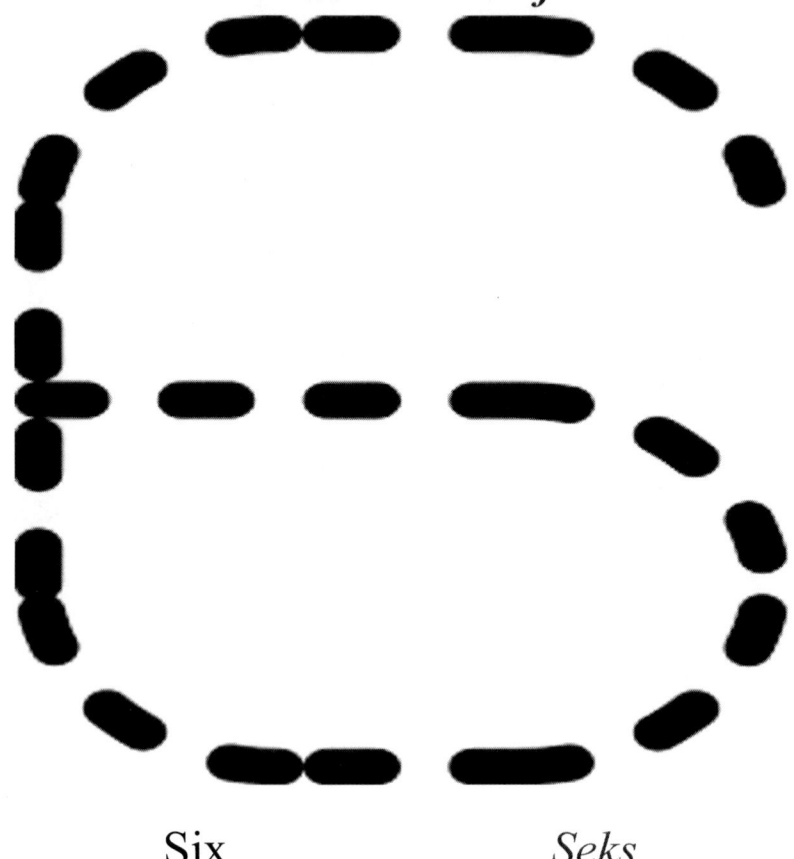

Six   Seks

Trace the number below/ Spor nummeret nedenfor

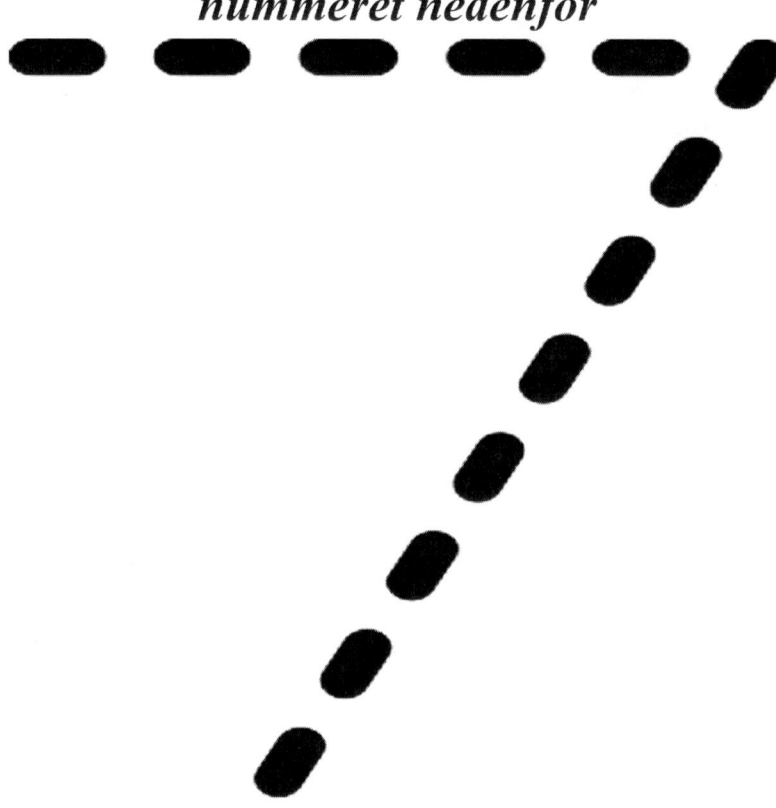

Seven -   *Sju*

Trace the number below/ Spor nummeret nedenfor

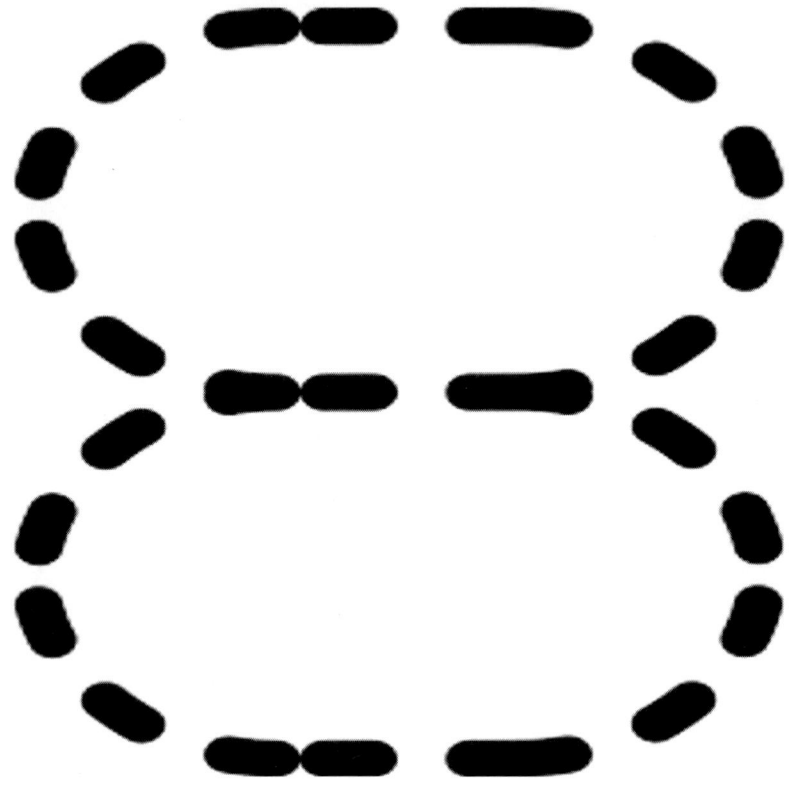

Eight -   Åtte

Trace the number below/ Spor nummeret nedenfor

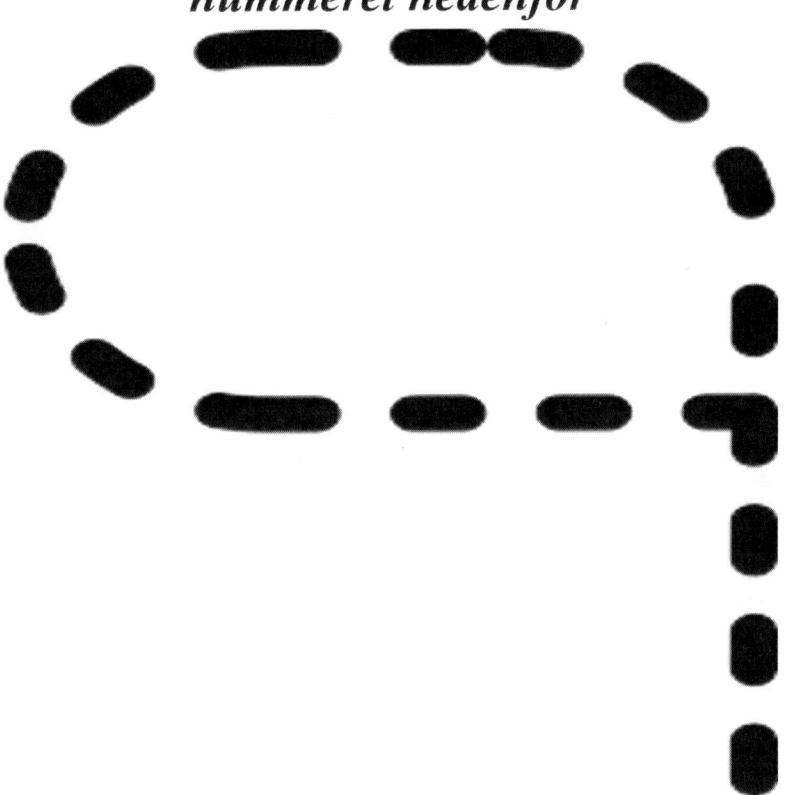

Nine -   Ni

More numbers/ *Flere tall*

Noel: More numbers

Flere tall

Ten	*Ti*
Eleven	*Elleve*
Twelve	*Tolv*
Thirteen	*Tretten*
Fourteen	*Fjorten*
Fifteen	*Femten*
Sixteen	*Seksten*
Seventeen	*Sytten*
Eighteen	*Atten*
Nineteen	*Nitten*

Twenty	*Tjue*
Twenty-one	*Tjueen*
Twenty-two	*Tjue to*
Twenty-three	*Tjue-tre*
Twenty-four	*Tjuefire*
Twenty-five	*Tjuefem*
Twenty-six	*Tjueseks*
Twenty-seven	*Tjuesju*
Twenty-eight	*Tjue åtte*
Twenty-nine	*Tjue ni*
Thirty	*Tretti*
Forty	*Førti*
Fifty	*Femti*
Sixty	*Seksti*
Seventy	*Sytti*

Eighty	*Åtti*
Ninety	*Nitti*
Hundred	*Hundre*

Shapes/*figurer*

Noel: Let's talk about shapes

La oss snakke om former

Square - *Torget*

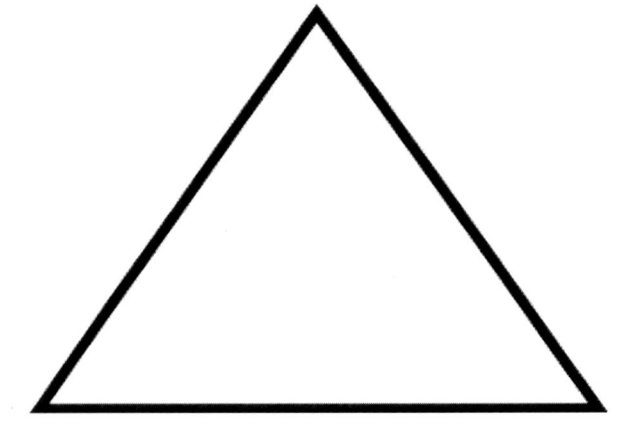

Triangle - *Triangel*

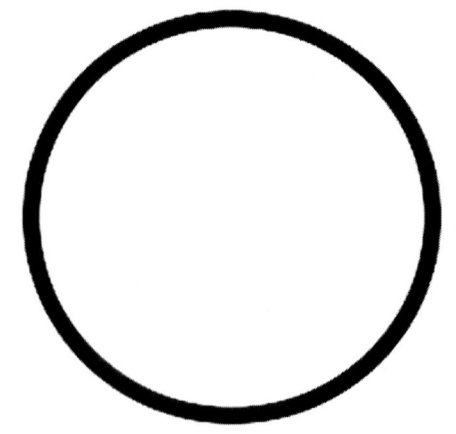

Circle - *Sirkel*

Rectangle -   *Rektangel*

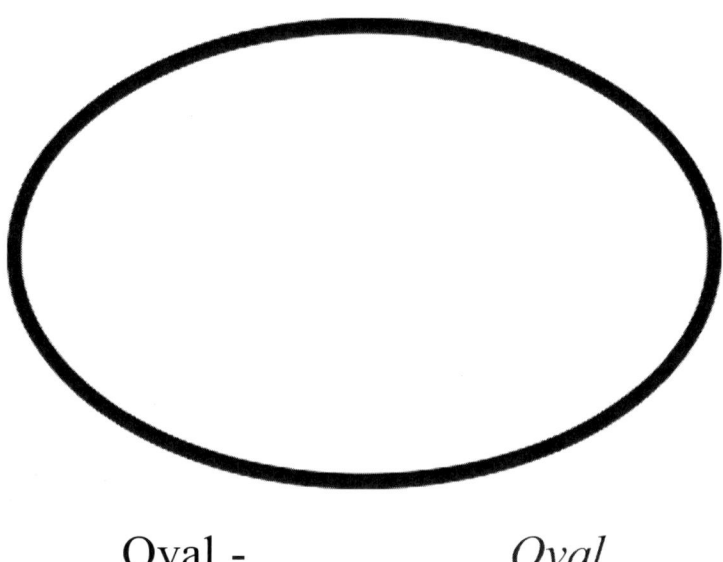

Oval -   *Oval*

Trapezium - *trapezium*

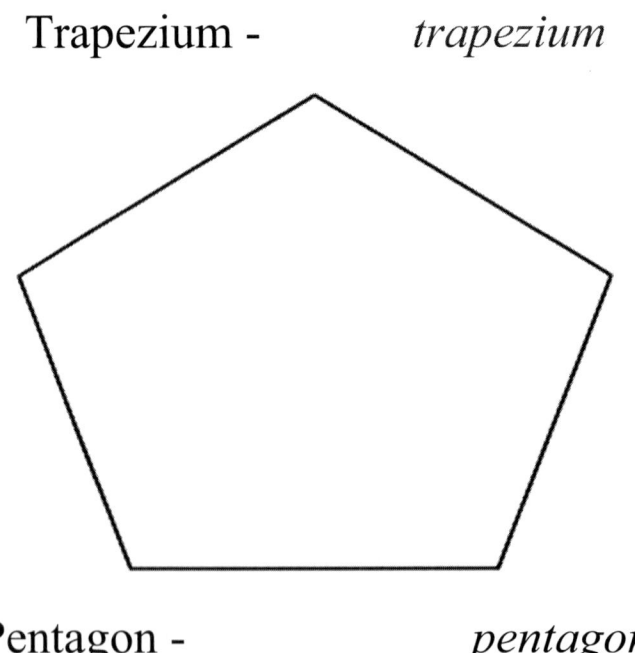

Pentagon - *pentagon*

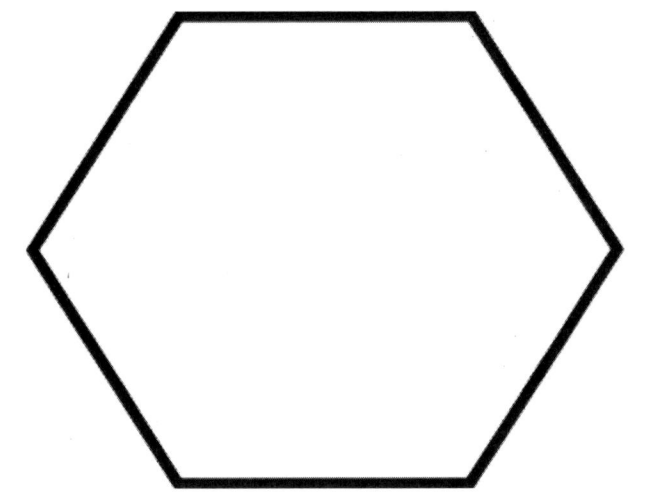

Hexagon -   *Hexagon*

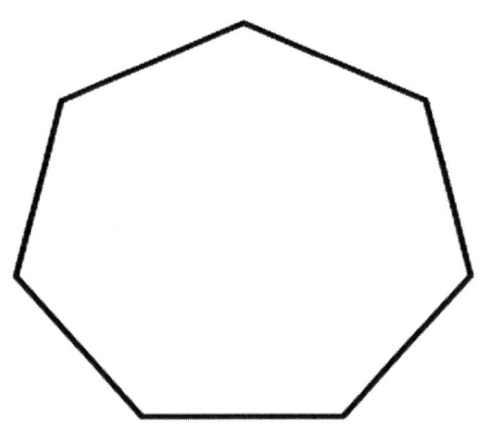

Heptagon -   *heptagon*

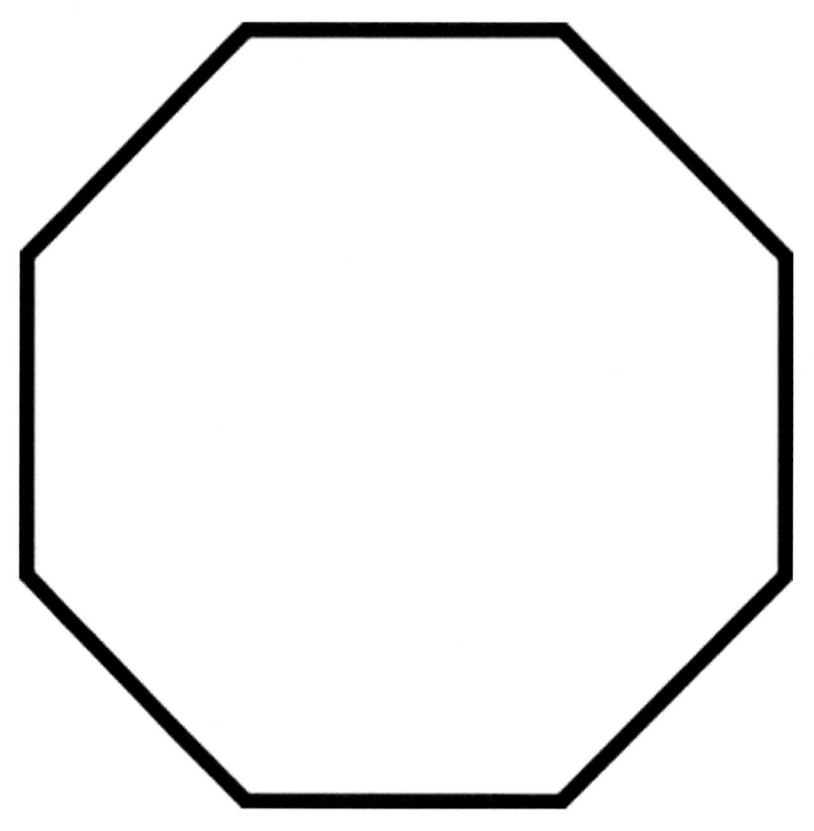

Octagon -   *Octagon*

Fruits and vegetables /
Frukt og grønnsaker

Orange   *Oransje*

Apple   *Eple*

Bananas   bananer

Carrot   *Gulrot*

Cucumber *Agurk*

Pineapple *Ananas*

Lime *lime*

Lemon *Sitron*

Grapes   *druer*

Pawpaw   *Pawpaw*

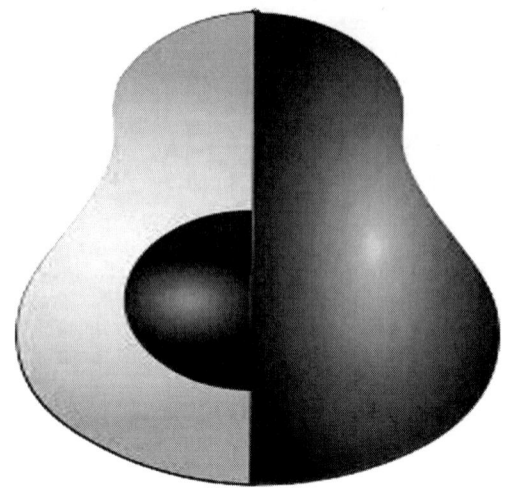

Pear					*Pære*

Mango					*Mango*

Body parts/ Kroppsdeler

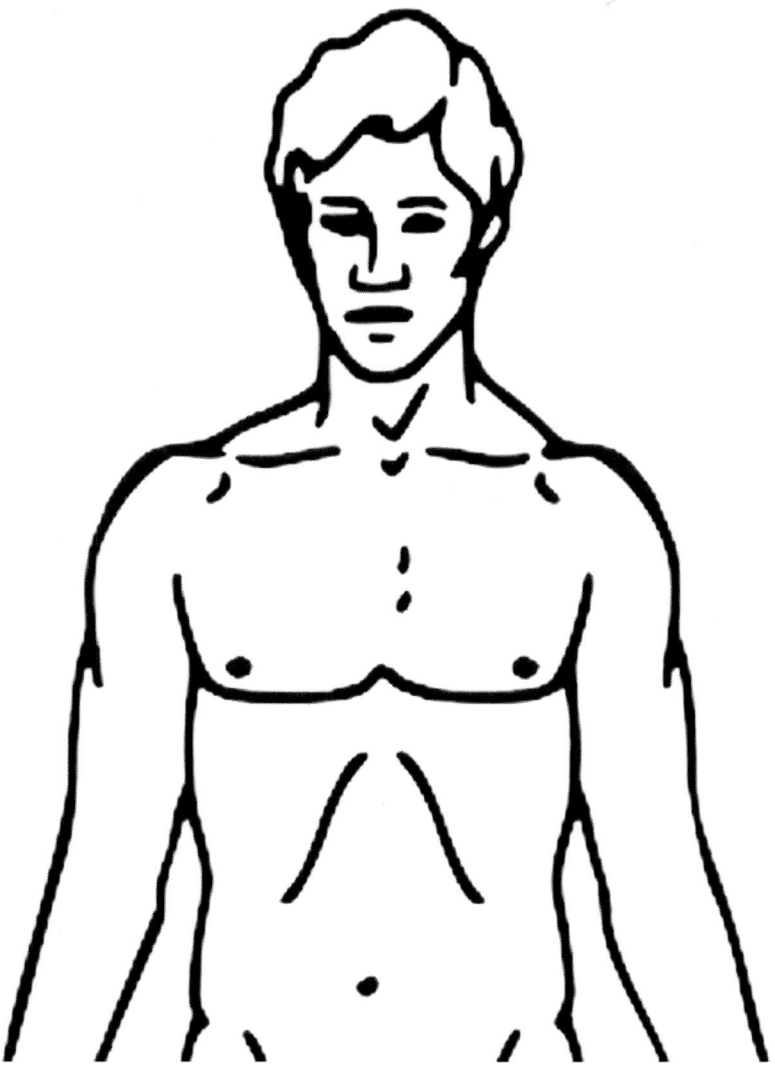

Eyes   *Øyne*

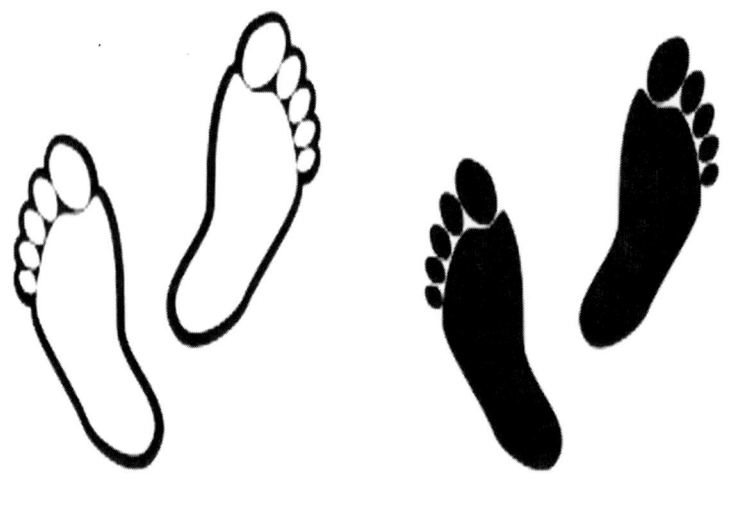

Toes   *tær*

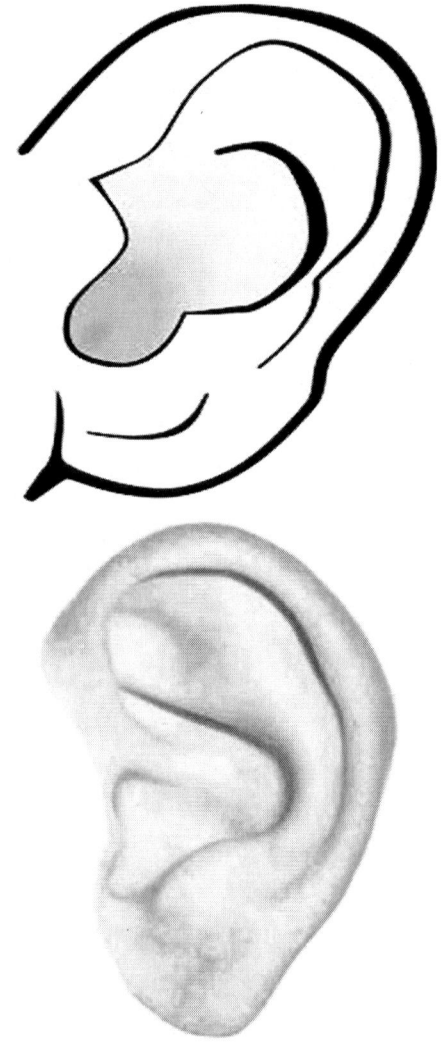

Ears					Ører

Teeth   *Tenner*

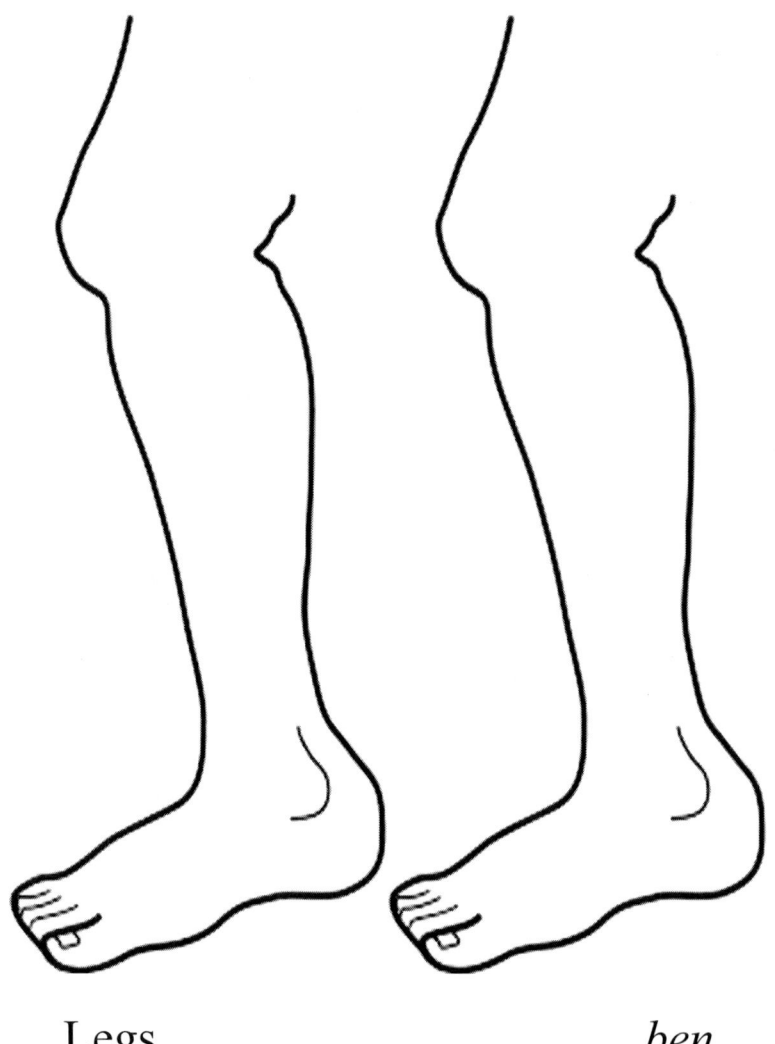

Legs   *ben*

Hands   *hender*

Fingers   *fingre*

Nose   *Nese*

Knees   *Kne*

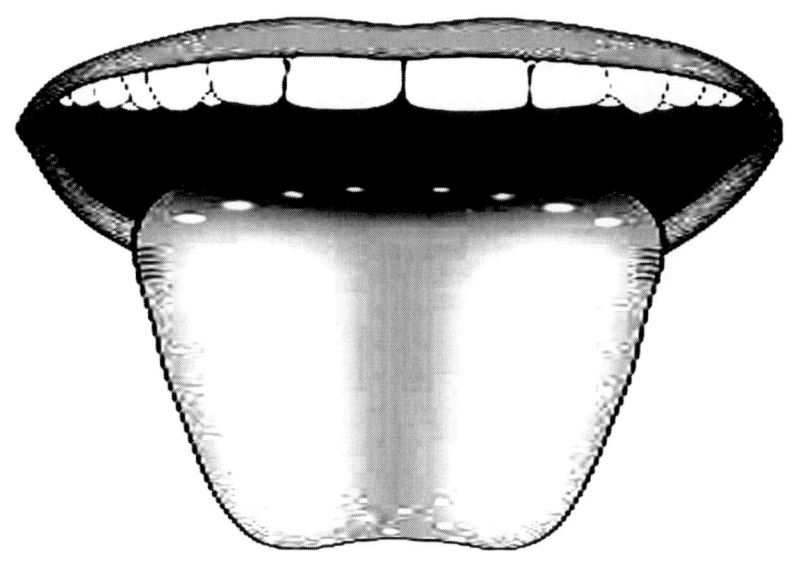

Tongue *Tunge*

Days of the week/ **Dager i uken**

Noel : *Let's look at days of the week*
La oss se på dager i uken

Sunday	*søndag*
Monday	*mandag*
Tuesday	*tirsdag*
Wednesday	*onsdag*
Thursday	*torsdag*
Friday	*fredag*
Saturday	*lørdag*

Days we go to school/ Dager går vi på skolen

Noel: *Mondays we go to school -* Mandager går vi på skolen

Tuesdays we go to school - Tirsdager går vi på skolen

Wednesdays we go to school - Onsdager går vi på skolen

Thursdays we go to school - Torsdager går vi på skolen

Fridays we go to school - Fredag går vi på skolen

Saturdays we stay at home - Lørdager blir vi hjemme.

Sundays we go to church - Søndager går vi til kirken.

Noel: *Mondays to Fridays, we go to school.* - Mandag til fredag går vi på skolen.

Noel: *Monday to Friday I go to school* - Mandag til fredag går jeg på skolen.

Saturday I stay at home - Lørdag forblir jeg hjemme.

Sunday I go to church - Søndag går jeg til kirken.

Noel: *From Monday to Friday my teacher teaches me Mathematics and English*

Fra mandag til fredag lærer læreren meg matematikk og engelsk.

Months of the year/
Måneder på året

Noel: *Let's look into the months of the year*

La oss se på årets måneder

Noel: There are twelve months in a
year -   Det er tolv måneder i et år.

Twelve months of the year/
Tolv måneder av året

January	*Januar*
February	*Februar*
March	*Mars*
April	*April*
May	*Kan*
June	*Juni*
July	*Juli*
August	*August*
September	*September*
October	*Oktober*
November	*November*
December	Desember

Seasons of the year/ Årstider av år

Noel: What about Seasons of the year?

Hva med årstider?

Seasons of the year/ Årstider av år

Spring	*Vår*
Summer	*Sommer*
Autumn	*Høst*
Winter	*Vinter*

- **Spring** Occurs In The Months of March, April and May.
- **Summer** from June to August.
- **Autumn** is from September, October and November and
- **Winter** is from December to February.

Våren oppstår i månedene mars, april og mai.

Sommeren starter fra juni til august.

Høsten er fra september, oktober og november og

Vinteren er fra desember til februar.

Colors/ *Farger*

Red	*Rød*
Yellow	*Gul*
Blue	*Blå*
Brown	*Brun*
Pink	*Rosa*
Orange	*Oransje*
Black	*Svart*
White	H*vit*
Green	G*rønn*
Cream	*Krem*
Gold	*Gull*
Silver	*Sølv*

Animals/ *dyr*

Dog	*Hund*
Rat	*Rotte*
Lion	*Løve*
Tiger	*Tiger*
Hippopotamus	*Flodhest*
Monkey	*Ape*
Gorilla	*Gorilla*
Lizard	*Øgle*
Cheetah	*Cheetah*
Hyena	*Hyene*

Other common words/
Andre vanlige ord

Food — *Mat*

Bedroom — *Soverom*

Kitchen — *Kjøkken*

Bathroom — *Baderom*

Backyard — *Hagen*

Park — *Parkere*

School — *Skole*

Beach — *Strand*

Supermarket — *Supermarked*

Farm — *Gård*

Made in United States
North Haven, CT
01 October 2022

24785715R00030